Pe. Orlando Gambi, C.Ss.R.

Paz e Bem

EDITORA
SANTUÁRIO

Direção editorial: Pe. Fábio Evaristo R. Silva, C.Ss.R.
Pe. José Luís Queimado, C.Ss.R.
Coordenação editorial: Ana Lúcia de Castro Leite
Diagramação e capa: Maicon Santos
Ilustração: Junior dos Santos

Dados Internacionais de Catalogação na Publicação (CIP) de acordo com ISBD

G191p Gambi, Orlando

Paz e Bem / Orlando Gambi. - Aparecida : Editora Santuário, 2023.
160 p. ; 8cm x 11cm.

Inclui índice.
ISBN 978-65-5527-343-4

1. Religião. 2. Cristianismo. 3. Espiritualidade. 4. Igreja. I. Título.

2023-1650 CDD 240
CDU 24

Elaborado por Vagner Rodolfo da Silva - CRB-8/9410

Índice para catálogo sistemático:
1. Religião : Cristianismo 240
2. Religião : Cristianismo 24

1ª edição: 1988
21ª impressão

Rua Pe. Claro Monteiro, 342 – 12570-045 – Aparecida-SP
Tel.: 12 3104-2000 – Televendas: 0800 - 0 16 00 04
www.editorasantuario.com.br
vendas@editorasantuario.com.br

Houve um pequeno fio d'água que não quis ser rio. Vivia contente de ser apenas um fio d'água. A todos que perguntavam, ele dizia: "Pedi a Deus que não me deixasse ser grande. Aprendi que ser pequeno é um dom. Ninguém teme quem é pequeno, e todo o mundo se faz pequeno perto de quem é pequeno. Na verdade, não é o tamanho que tem sentido. É a vida"!

Assim repetia o fio d'água e, indo, sorria sem parar. Todos ficavam pensando em que ele dizia...

De fato, o pequeno fio d'água era feliz, feliz!

Esse livrinho em tuas mãos é um pequeno fio d'água. Não deseja ser grande, embora quem é grande também possa tê-lo em mãos. Ele nasceu do coração, e vai por aí levando as melhores esperanças que podem ser vidas novas e todas com abundância de vida!

Quero que também o leias e, se algum bem te acontecer, bendito seja Deus!

Pe. Orlando Gambi, C.Ss.R.

Agradecer

Quem não agradece ao Senhor em tempo de alegrias, em tempo de aflições não se lembrará de confiar!

Agradecer deveria ser a coisa mais comum, mas é tão comum esquecer!

Comumente, lembramo-nos de quem nos acende uma vela, e esquecemo-nos de quem nos dá a luz dos olhos e o sol!

De mil anjos que descem
à terra para trazer graças,
poucos voltam levando
gratidão!

Quem não agradece pelas
mãos que tem, há de se
queixar por um dedo que lhe
falte!

"**M**uito obrigado" é bonito
em todas as línguas, até na
dos mudos!

Se te faltam palavras,
inventa um jeito qualquer de
agradecer!

Agradece a quem te dá o pão, e a Deus que amadurece os trigais!

Agradecer não é coisa tão fácil de acontecer quanto é fácil de fazer!

Em muitas vidas já aconteceram as coisas mais lindas por causa do agradecimento!

Gratuitamente és, podes e tens. Que mais queres para agradecer ao Senhor Deus?!

Alegria

Há a alegria que faz cantar, e há a alegria de ver os outros cantando!

Embora as horas de tristeza nos pareçam longas, as horas de alegria são sempre mais frequentes!

Ficar triste não é um mal. Estar sempre triste é que é sintomático!

A alegria não é apenas um bem. Ela é, sobretudo, um bem contagiante.

Se não podes dar só alegrias, podes não dar só tristezas.

Podes ter tristezas na vida, mas nunca possam dizer que tua vida é uma tristeza!

Se vires o bem, alegra-te! Se fores bom, alegrarás!

Para todos nós nesta terra o céu começa com a alegria de servir!

Quero-te a alegria de receber rosas, e a alegria de oferecê-las.

Quero que todos os dias peças ao Senhor a alegria de servir com graça, e a graça de servir com alegria.

Não fiques triste mesmo que tudo te pareça triste. As rosas também não escondem seu encanto mesmo quando há nuvens escondendo o sol.

Quanto aos sofrimentos, Deus tem para todos nós uma medida certa. Quanto às alegrias, é certo que Deus quer que todas sejam sempre as melhores.

Em geral é assim: poucos momentos de tristeza nos fazem esquecer as muitas alegrias que Deus sempre nos dá.

Qualquer grande alegria nos faz cantar, e qualquer pequena tristeza nos faz emudecer. No primeiro caso é Deus que nos oferece. No segundo, é Deus que nos pede.

Há mil maneiras de servir. A melhor é a de servir com alegria.

Lembra-te que as tuas alegrias não podem ser só tuas.

Às vezes, deves falar de tuas tristezas para receber consolo, e, às vezes, deves falar de tuas alegrias para consolar.

Certamente, a alegria de ser bom vale mais do que a alegria de ter bens.

Não fales de tuas alegrias como se elas devessem ser só tuas.

A tristeza nem sempre é um mal, e a alegria nem sempre deixa de contar com a tristeza!

A alegria que vale é a do coração. As outras também valem, mas nunca são as melhores!

Não é preciso ser dono do jardim para levar rosas. Não é preciso ser dono do céu para levar alegrias!

Amizade

Só podemos querer dos amigos o que é possível. Se queremos exigir mais, nós é que não somos amigos!

A presença dos amigos sempre faz crescer a alegria e nunca deixa a dor chegar ao desespero!

A palavra dos amigos nunca é um bem qualquer!

Às vezes, é através dos amigos que Deus costuma

conceder as melhores graças!

Em geral, a pior hora para um amigo bom é ter que dizer "não".

Não queiras ser um simples amigo. Mas, se fores simples, serás contado entre os melhores amigos.

É melhor a verdade dura que vem dos amigos do que os elogios fáceis que vêm de quem não é amigo de verdade!

É amigo quem levanta. É mais amigo quem não deixa cair!

Há muitos milagres que acontecem por causa de um bom amigo!

Cristo chamou Judas de "amigo" porque queria que ele não fizesse o mal que fez. Judas deixou de ser amigo porque não evitou trair.

É bom o amigo que atende. É melhor o amigo que entende!

O espelho mostra quem está atrás de nós. Os olhos dizem quem deixamos para trás!

Quando anotares os nomes de teus inimigos, faze-o

apenas para saber a quantos deves perdoar.

Não exijas dos amigos publicar o bem que fazes, mas que não te deixem errar!

O bom amigo nunca fica só com a primeira impressão!

Um amigo falso nunca diz certo o que pensa dos outros e nunca acerta o que os outros pensam dele!

Um amigo a outro amigo: "Cada vez que te conto uma alegria, quero que ela seja também tua, e cada vez que te conto uma tristeza, tu a fazes menor!”

Os falsos amigos não envenenam os pratos, mas as palavras.

Se alguém nos abre o coração, é porque confia!

Os inimigos, em geral, ficam longe, mas, às vezes, o pior deles está bem perto em nome da amizade.

Ter flores sobre a mesa é um jeito bom de evitar a aspereza!

A ninguém cabe o direito de desconfiar sempre pelo fato de uma vez ter confiado em vão!

Um conselho de amigo: "Façam como aquele que não se deixa perder pelo tamanho da escuridão, mas se deixa guiar por uma luz que, embora pequena, está acesa!"

Amor

A técnica põe tudo à disposição do homem. O amor põe o homem à disposição de Deus.

É próprio do amor beijar as mãos de quem faz o bem!

Para o amor, qualquer idade da vida é como se fosse a melhor!

O amor, quando não diz o que é o melhor, faz o melhor de tudo o que se diz!

O amor é uma festa: quando ele não canta, faz os outros cantar!

O amor, às vezes, é uma simples palavra que se diz, e, outras vezes, é todo o bem que se faz!

Qualquer coisa insignificante pode significar uma grande coisa quando é o amor que faz.

Quanto ao amor, se é para parar, ninguém consegue apressá-lo, e se é para apressar-se, ninguém consegue retê-lo.

Sem o sol, que seria do mundo? Sem o amor, que será dos homens?!

A paciência vai até certo ponto. Daí para a frente, quem vai até o fim é o amor.

Quem vai à lua pela técnica, fica longe da terra. Quem vai aos outros pelo amor, não fica longe de Deus!

Um pouco de amor é mais do que pouco amor!

No singular, o amor pode ser ótimo. No plural, ele sempre inspira dúvidas.

Até o amor não significa nada, se ele não vai além de tudo o que os sentidos percebem!

Há o amor de quem aconselha, e há o amor de quem segue!

A perfeição não consiste tanto em evitar, mas em amar!

O egoísta também fala de amor, mas sem pensar nos outros!

O amor, mesmo que não possa aceitar tudo, aceita a todos!

Todo o bem é possível para quem ama. Todo o amor é possível para quem é bom!

Quem não ama, faz loucuras. Quem ama, entende os loucos!

Quando é o amor que nos pega, é para a gente não fugir. Quando é a vida que nos pega, é para a gente aprender!

Dizem que, com jeito, tudo pode ser feito. Mas só com amor é que nada sai mal feito.

Quem ama, também pode enganar-se, mas trair, nunca!

O sofrimento não nos impede de amar, e o amor não nos dispensa de sofrer!

Em muitos é muita a falação de amor, mas, na verdade, o amor sem falação é pouco!

Quem fala só de amor, faz bem. Quem ama, faz só o bem!

Nada perdes por amar. Nada ganhas sem amor!

Se abres os olhos, vês o que são as coisas. Se amas, vês o que são os outros!

Se não recebes pelo amor que dás, Deus te pagará pelo amor que mereces!

Quando o amor é pouco, qualquer dor é grande demais. Quando o amor é grande, nenhuma dor nos desespera!

Quem ama, também tem momentos infelizes. Quem não ama, apenas tem momentos felizes!

Há o amor de quem dá a Deus o que Ele pede, e há o amor de quem dá a Deus o que Ele merece!

Quando falta o amor é que achamos que parar ou retroceder não é uma fuga!

Se amares, poderás sofrer. Se não amares, só farás sofrer!

Há o amor que nos faz ver que todos somos iguais, e há o amor que nos faz ver quando os outros são melhores!

O amor não tem pressa em vencer. Ele se contenta com a certeza!

O amor, por onde passa, no mínimo deixa uma pegada!

Se alguém gosta de ti, é porque és bom. Se todo o mundo disser que és bom, é porque amas!

Se queres viver amando, pergunta-te se és capaz de amar sofrendo!

Quem ama, não odeia, e, se for odiado, também ama!

Quem ama, sempre se faz presente onde existe uma dor!

Não é preciso sorrir quando sofres. Basta que ames.

Se um raio de sol faz nascer flores da lama, que bem não pode nascer do coração quando o sol é o amor?!

Os que acreditam no amor veem no passado a misericórdia e no futuro a certeza!

A compaixão recebe o pobre como pobre. O amor o recebe como irmão.

Bondade

Sua bondade seja como a das rosas que se prestam para enfeitar altares e túmulos!

O melhor modo de ser bom, é ser justo!

Tudo o que sai de tuas mãos com bondade, voltará a teu coração como bênçãos de Deus!

Quem dá o pão com má vontade apenas fica com menos pão!

O pão dado sem bondade pode dar indigestão!

A bondade não fica longe do amor, por isso quem é bom não está longe de Deus!

Se fotografas um animal, a imagem não pode ser uma rosa. Se pensas mal, a imagem não pode ser a bondade!

Para alguma coisa a bondade é suficiente. Para todas as coisas o amor é indispensável.

Para certas doenças, o melhor remédio é a bondade do coração.

Se vires o bem, alegra-te. Se fores bom, alegras!

Ninguém é tão mau que há de querer só o mal, e ninguém é tão bom que não precise ser melhor!

Se alguém te negar um "Bom-dia", não deixes de ser bom todos os dias!

Quem quiser um bom dia, não espere que lhe desejem. Faça-o!

Se fores bom uma vez por dia, descobrirás que vale a pena ser bom sempre!

Deus é bom para quem espera. Deus espera para seres bom!

Muitos acham que os outros sempre devem ser melhores porque nunca são bons como devem!

É melhor ser bom e não ser célebre do que ser célebre por ser mau!

Senhor, que eu veja quanto é urgente ser bom, e quanto é indispensável amar!

A sabedoria diz coisas boas. A bondade faz coisas boas!

Por ser difícil ser bom, é que muitos deixam de sê-lo. Por ser tão fácil ser mau, é que deves ser melhor!

Se queres ser bom, procura antes de mais nada ser justo!

Aprende a ver as misérias dos homens com a bondade do olhar de Cristo!

Cirineu é conhecido como um homem bom por ter carregado um pouco a cruz de Cristo!

Calúnia

Há lugares que são
chamados “boca do lixo”.
Que nome dar à boca do
caluniador?!

O que importa é o bem que
fazemos e não o mal que
dizem!

Proferir uma calúnia
certamente é um mal.
Divulgá-la é diabólico!

A calúnia faz o mal andar a
galope!

Quem calunia revela um ódio incrível!

A calúnia é o modo mais vil de perseguir!

O caluniador não quer apenas o mal dos outros. Quer a morte!

O caluniador não é o cão. É a corja!

Se não nasce uma ferida na boca do caluniador, também não fica sem lama seu coração!

O caluniador é um espírito decrépito!

Quem quer subir caluniando, certamente descerá caindo!

O sono do caluniador, em geral, é mais pesadelo do que descanso!

Se o pai da mentira é o demônio, que demônio há de ser o pai da calúnia?!

Ninguém deve dar explicações ao caluniador. Não é isso que ele quer!

O perdão da calúnia torna-se difícil porque o arrependimento deve ter o tamanho do mal que ela fez!

O silêncio de Cristo ainda é a melhor arma contra a calúnia!

Os pagãos castigavam o caluniador queimando-lhe a boca com ferro em brasa!

Ao cristão que calunia, nem o nome que recebeu lhe fica bem!

Não é só um demônio, mas é todo o inferno que aplaude o caluniador!

A calúnia é a mais perigosa arma da inveja. Pilatos percebeu isso no julgamento de Cristo!

As lágrimas que mais se parecem com as de Cristo são as que a calúnia faz chorar!

A calúnia quando vai, não volta sem matar!

Ciúme

O pior do ciúme não é um caso que teria havido. É o caso de imaginar o que não houve.

O ciúme que vem com malícia nunca termina sem maldades.

O ciúme faz cair, mas não é no chão que fica o ciumento.

As crianças também têm ciúmes. Oxalá os ciúmes dos adultos fossem apenas infantis!

O ciúme também tem um lado bom, mas é do lado mau que fica o ciumento!

O fogo do ciúme, em geral, não é chama. É vulcão.

O espinho do ciúme não é como o das rosas, que machuca apenas as mãos!

Parece que o ciumento nunca aprende que os olhos não mentem.

O ciumento sempre tem de dizer um "mas" a todo o bem que se faz.

Em geral o ciumento torna-se infeliz por um motivo qualquer.

No ciumento, sobretudo, há duas coisas horríveis: os dramas e as tramas!

O ciumento quando não está cismando, está parafusando.

O mal do ciumento sempre é grande, mas o mal que ele faz também é grande.

No ciumento até o sorriso nunca é bondade, e sempre é disfarce.

Morrer de ciúmes pode ser uma simples expressão. Matar por ciúmes é uma imensa loucura.

Ter ciúmes pode significar zelo. Mas, certamente, não é o zelo que o ciumento busca.

Cristo Senhor

Desde que Cristo apareceu na terra os homens andam a sua procura. Uns para matá-lo e outros para segui-lo. Os que desejam a sua morte não o encontram. Os que desejam segui-lo morrem.

Cristo não gosta de aparecer. Ele quer ser descoberto.

Seguir a Cristo pode ser difícil. Começa a ser impossível quando achamos que Ele pede demais.

O Reino dos céus é semelhante a um banquete —, disse o Mestre. Esse é o único banquete em que, de fato, nunca se limita o número dos comensais.

O Reino dos céus é semelhante a um tesouro escondido —, disse o Mestre. Qualquer um pode achá-lo, mas todos devem procurar.

O Senhor Jesus, se não me pedes para morrer em tua cruz, não me deixes ficar com medo das minhas!

O Reino dos céus é semelhante a um casamento —, disse o Mestre. Quem vai a esse casamento, só para ver a noiva, volta decepcionado.

Senhor Jesus, não deixes que eu me engane sempre e dá-me a humildade de aceitar que posso enganar-me.

Cristo disse à Samaritana: “Se conhecesses Aquele que te fala”! Tu certamente o conheces, mas falas com Ele?!

É bem verdade que os lugares são diferentes, mas

a gente sempre se encontra com o Cristo!

Pilatos foi injusto condenando o Cristo, mas Herodes foi repugnante. Só lhe fez ironias!

Podes conversar com os pecadores, mas como Cristo conversou com a Samaritana!

Senhor Jesus, ensina-me o que em ti mais me encanta: ter a coragem de perdoar a quem erra, mesmo diante daqueles que condenam!

Os homens escolheram o lugar onde Cristo devia morrer na cruz. Tu deves aceitar a cruz do lugar onde Deus te coloca para servir!

Sem Cristo, nossas muitas alegrias em pouco tempo podem transformar-se em tristezas, e um pouco de tristeza pode ser o bastante para que nunca mais tenhamos alegrias!

Cristo se fez tão semelhante a nós, para que nós não sejamos tão diferentes Dele!

Verás melhor o Cristo, quando te puseres acima das coisas e não acima dos outros!

Em geral, descendo com Cristo é que subimos!

Cristo deixou que Judas o beijasse. Como é, então, que não suportas ter alguém perto de ti?

São Paulo precisou ficar cego para ver o Cristo!

O lugar da cruz de Cristo foi o Calvário. O lugar de tua cruz é onde Deus te coloca!

Não queiras ver teus inimigos se não tiveres antes uma conversa com Cristo!

Foi por pouco tempo que Cireneu carregou a cruz de Cristo, mas que consolo para o Senhor ter tido um amigo naquela hora!

Sempre que enxugas uma lágrima, lembra-te que pode ficar estampado em tuas mãos o rosto de Cristo!

Senhor Jesus, a solidão mais triste é viver sem notar que Tu nos vês!

O amor de Cristo não se dá em pedaços!

A cruz de Cristo também mudou de nome. Hoje, ela se chama ignorância, fome, nudez e desamparo!...

Não basta que teu amor seja admirável. É preciso que sejas incompreendido para te pareceres com Cristo!

Se ainda duvidas de Cristo, não desças da barca!...

Se Cristo não entrar primeiro em teu coração, deixarás que muitos fiquem fora dele!

Não é fácil ter o jeito de Cristo para falar contra a violência.

Se Cristo abandonasse o amor pelo tamanho de sua dor, que amor existiria então para as nossas dores?

Antes de ter Cristo nos braços, Maria teve Deus no coração!

Sem o amor de Cristo, qualquer um é capaz de dar banquetes aos reis, tirando o pão dos pobres!

Cristo se fez homem para que Deus pudesse ter o rosto de todos os irmãos do mundo, de todas as raças e de todas as condições!

Um jovem, que não tinha nenhum pecado contra os mandamentos, deixou de seguir a Cristo apenas porque tinha muito dinheiro!

Deus

Acima de Deus, ninguém! Abaixo de ti, só teu próprio eu!

A alguém pode interessar saber quem és. A Deus interessa saber o que fazes.

A maior falta de fé é admitir que Deus pode não nos amar!

Sem Deus, o homem, seja quem for, além de inútil torna-se perigoso.

Às vezes, para Deus basta um começo!

Por que duvidar quando sabes que Deus te dá importância?!

Se Deus não nos move, nada nos comove!

Quem não se põe nas mãos de Deus, caminha sem direção!

O mundo está cheio de misérias, e Deus está cheio de misericórdias.

Se tememos que Deus nos castigue, por que não esperamos que Ele nos perdoe?!

Enquanto os homens apenas nos entendem, Deus sempre nos atende.

Para os amigos, haja sempre uma mesa posta. Para Deus, haja sempre um "sim".

Quanto aos homens, podemos duvidar. Quanto a Deus, só podemos ter certeza.

Junto dos homens, podemos ser felizes. Junto de Deus, nunca podemos ser infelizes!

Com Deus todo o bem é possível. Sem Deus nenhum bem permanece.

Deus faça com que sigas teus caminhos mais para chegar do que para fugir!

Só Deus é indispensável, mas tu sempre podes ser útil.

Por Deus tudo é bom e qualquer lugar é o melhor!

Não importa saber de que lado a corda arrebenta. O que importa saber é de que lado está Deus!

Tudo o que se faz por Deus é um bem. Tudo o que se sofre por Ele, redime.

Deus quer de nossa vida o amor. Os homens querem de nosso amor a presença!

Se hoje estás bem, é Deus que não te esquece. Se estás mal, não te esqueças Dele!

Deus não faz nenhum dia diferente. Nós é que os

fazemos desiguais!

Se alguém te negar a bondade de um olhar, não negues que Deus sempre te olha com bondade!

Quando pedes por ti, Deus não fica sem te escutar. Quando pedes pelos outros, já voltas abençoado!

Deves entender que Deus sempre nos pede o melhor, e nem sempre nos dá o que é o mais agradável!

Se Deus te chama, vai, mesmo que até hoje só

tenhas voltado atrás!

Deus não aceita o amor de quem não pensa nos outros!

A certeza de que Deus nos ama, nos dá a medida certa da felicidade!

Quem sempre se queixa, de certa forma está dizendo que Deus não o ama.

A única coisa que Deus não vê, é o bem que fazemos para ser vistos!

Deus é bom para quem espera. Deus espera para

seres bom!

Quando tudo parece ser tão difícil é que mais firmemente devemos crer que Deus nunca falha!

Deus costuma aceitar os grandes sacrifícios principalmente quando a causa é nobre!

Tudo começa a faltar quando os homens acham que Deus não faz falta!

Escândalo

Muitos pensam que o escândalo que vem do luxo não é lixo.

É grande o escândalo que há entre o não ter nada e o ter tudo em demasia.

Em muitos, a nudez vem da falta de recursos. Em outros, vem da falta de vergonha!

Quem for pedra de escândalo, não deve se queixar quando amanhã receber pedradas.

Há escândalos que são inomináveis, e há escândalos que são irreparáveis.

Não foi brincando que Cristo falou contra os escândalos.

Não é preciso que o mal necessariamente aconteça para que, de fato, o escândalo exista.

Escândalo maior é ensinar o mal ao menor.

Que malícia pode haver nos olhos de uma criança, e que malícia não é grande aos olhos de uma criança?!...

Até os jardins se transformam em chiqueiro se puserem porcos lá dentro!

Há o escândalo de quem tira o pão, e há o escândalo de quem tira a fé.

Quando passas por uma criança que é que pensas? Quando uma criança passa por ti que é que ela pode pensar?!...

Quem for pedra de escândalo para as crianças não se admire quando elas, amanhã, começarem a atirar pedras!

Muitos evitam dar vexames e não evitam dar escândalos.

Há ideias que são ocas, e há ideias que são lixo!

Esperança

Nós esperamos para receber. Deus espera para conceder.

Um mal que acontece, seja o que for, não pode ser para ninguém a negação da esperança.

Esperar é o que mais importa a quem crê firmemente no amor.

Um mal que acontece, às vezes, é apenas um sinal de que Deus ainda nos espera.

Quem ama, espera. Quem não ama, decepciona.

Em nenhuma circunstância esta terra é o céu que esperamos.

O céu não muda de nome só porque há noites sem estrelas... Por isso é que sempre devemos esperar apesar dos pesares.

Ninguém pode exigir tudo de nós, mas todos podem esperar de nós o melhor.

Até das crianças podemos esperar o sublime.

Às vezes, a esperança nasce
de uma palavra que é dita.

É do sol que nasce o dia.
É do amor que nasce a
esperança.

A esperança não impede
que nos aconteça o que não
esperamos.

Depois que Cristo morreu
na cruz jamais poderá haver
alguém que possa justificar o
desespero.

A esperança de subir começa
com a humildade de descer.

A esperança não nos dispensa de insistir em pedir o que queremos.

Esperar desesperadamente é o que mais confunde.

A esperança apressada é a que, em geral, dá em nada.

Com Deus todo o bem é possível. Sem os homens sempre há um bem que deixa de ser feito.

É preciso esperar o bem dos homens, mas para que isso aconteça é preciso, sobretudo, acreditar em Deus.

Quem ama, não espera em vão!

Dizem que a primeira impressão é a que fica. Mas todo o mundo espera que ninguém fique só com a primeira impressão!

É melhor sofrer perdas sendo bom do que esperar vantagens sendo mau!

Se devêssemos receber de Deus tudo o que pedimos, em pouco tempo ninguém poderia esperar mais nada!

Só espera em vão quem espera que Deus faça logo tudo o que pede!

Em geral é assim: quem menos possui é que deve esperar mais tempo para receber de nós apenas algum bem!

Mesmo que te aconteça o que não esperas, deves esperar!

Felicidade

Felicidade perfeita é só no céu, mas ela deve começar na terra!

Chorar com quem chora também é um modo de levar felicidade!

Por incrível que pareça, muitos não sabem ser felizes alegrando-se com quem se alegra!

Quero-te a felicidade de ver tudo cor de rosas!

Quero-te a felicidade de falar bem sobre o amor, e a felicidade de amar fazendo o bem!

Quero-te a felicidade de seres atendido pelos ricos, e a felicidade de atenderes os pobres!

O segredo da felicidade de Teresa de Calcutá está em fazer aos pobres o que muitos ricos não fazem a ninguém!

Toda a felicidade não é a graça de ter tudo, mas é a graça de ser tudo para todos!

Ter tudo neste mundo não é a felicidade do céu, mas não ter nada faz a terra ser um inferno.

Certamente, não é pequena a felicidade que Deus promete a quem atende os pobres!

Se o pão faltar para a maioria, não é só a maioria que ficará sem a felicidade da paz!

Lembra-te que a tua felicidade não pode ser só tua!

Festas

Quem fez a primeira festa foi
Deus, ao criar o mundo!

Cada dia a natureza faz
uma festa com luzes e sons,
gostos e frutos!

Em todas as festas a
natureza sempre está
presente. Quando ela não é o
palco, é um enfeite!

Uma simples flor: quando ela
mesma não é a festa, é um
convite de festa!

Mesmo nas melhores festas, ninguém canta melhor do que os passarinhos!

Ninguém entra num jardim para sair de lá chorando!

A beleza das manhãs e das madrugadas é o sol que começa mais um dia de festa!

"Ninguém conhece ninguém" é sinal de falta de festas!

Onde há festas, a fraternidade facilmente descobre novos irmãos!

Quem não gosta de festas, mais do que dos outros, não gosta de si mesmo!

Em geral, é com festas que se cura o mal da monotonia!

Uma festa pode retratar o que vai ao coração! Em geral é um bem ou é a paz!

É difícil uma festa ser boa, no meio de gente que não é de bem!

Que festa o barulho das águas do mar! Não parece, mas a fonte também faz festa!

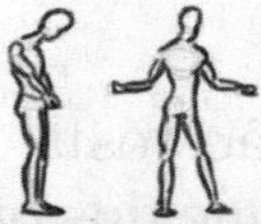

Humildade

Pedro foi mais corajoso quando abaixou a cabeça para chorar seu pecado do que quando disse ao Mestre que não o abandonaria.

Se alguém esquece o bem que fazes, humilha-te. Se alguém te humilha porque não fazes o mal, ama!

Se caíres, levanta-te. Se os outros caírem, abaixa-te.

Não negues demais tuas boas qualidades para que

não fiquem com a impressão de que desejas ser exaltado!

Na construção da torre de Babel, Deus resistiu aos homens confundindo as línguas. Hoje, mesmo falando todas as línguas, os homens não se entendem porque resistem a Deus!

Até nos cemitérios os homens pretendem ser diferentes. Veja os túmulos!

Não podemos acertar tudo, mas podemos fazer tudo para não errar.

Se cresceres, não te tornes arrogante. O gigante Golias foi morto com uma funda.

A ironia pode ser uma resposta, mas nunca é a melhor!

Quem faz o bem com vaidade, oferece a Deus frutas podres!

O orgulhoso não só cai. Vai ao fundo!

Há a vaidade de quem se diz o melhor, e há a vaidade de quem se diz o pior!

É tão difícil ser humilde que muitos sobem e não sabem mais descer!

É próprio de quem é humilde achar que sua opinião é apenas uma opinião.

Cuidado, para não caíres como os ídolos!

A humildade faz crer que os outros podem fazer melhor todo o bem que já fizemos.

Ninguém acredita no amor de quem não sabe descer como Cristo!

Às vezes, pedir é o melhor modo de ensinar a humildade.

Senhor, dá-me a humildade de ver que posso me enganar, e dá-me a docilidade de aceitar que me corrijam!

Não importa ser pequeno. O que importa é fazer-se pequeno.

Ninguém deve pensar que sua opinião sempre é o sol!

Ideal

Nenhuma vida é inútil, mesmo a de quem não pode fazer mais nada de útil!

Senhor, que minha coragem não seja presunção, e que meus receios não sejam mesquinhez!

Senhor, que eu não seja bom para ser querido, mas porque queres!

Ter ideias boas, faz bem. Ter o ideal de ser bom, é o melhor.

Muitos têm por ideal a coroa. Outros têm por ideal a cruz!

Quem tem um ideal nunca acha que Deus pede demais!

Quem vive por um ideal resiste à tentação do mais ou menos!

Que oração bonita: "Senhor, que eu não me confunda quando os homens acharem que eu não sirvo para mais nada!"

O ideal sempre tem um alto preço. Às vezes, ele custa a vida!

Ninguém tem vocação para o heroísmo, mas é lá que termina o ideal!

Por falta de ideal é que muitos pensam que voltar atrás nunca é uma fuga!

Senhor, ofereço-te as melhores coisas como Abel, e as coisas mais santas como Cristo!

O ideal que vale não é nenhuma coisa. É a causa de Deus! Por Deus nenhuma causa vale pouco!

Inveja

Os coveiros enterram os mortos. O invejoso enterra os vivos!

Deus te salve do invejoso! Deus te livre de invejar!

A inveja não é apenas um pecado. Ela multiplica os pecados!

A inveja pode não ser uma epidemia, mas sempre é um veneno.

A inveja sempre é um mal porque sempre há alguém que sai perdendo!

Os porcos fuçam as coisas. O invejoso fuça as vidas!...

A inveja não é um mistério, mas o invejoso sempre é misterioso!

A maior fé do invejoso é acreditar que o mal dos outros vai acontecer!

A inveja quando não destrói o invejado, tira a paz do invejoso!

O invejoso sempre encontra um jeito de disfarçar a sua inveja, mas nunca consegue escondê-la.

Do casamento feito entre a inveja e o ciúme só nascem monstros!

Os cochichos do invejoso assustam mais do que os gritos e os berros!

A inveja que matou Abel ainda hoje continua matando!...

O invejoso sempre procura os defeitos dos outros e nunca encontra os seus!

Aos olhos do invejoso qualquer defeito dos outros é grande!

Ninguém sabe medir a dor das lágrimas que a inveja faz chorar!

Quanto aos defeitos dos outros, o invejoso sempre aumenta ou inventa!

O invejoso também vê o bem, mas sempre com maus olhos!

Por incrível que pareça, quem dá ouvidos ao invejoso não fica surdo. Fica cego.

A inveja sempre se faz acompanhar de entregas e intrigas!...

Dificilmente, o invejoso fica sem ir até o ridículo!...

A inveja só leva e traz tristezas!...

Às vezes, exigimos coisas que não nos fazem falta, só porque os outros as têm!

Se estranhas que alguém não te estime, é sinal de que ainda vives de ilusões!

Justiça e trabalho

Quem trabalha constrói o mundo. Quem é justo constrói o homem!

Quem busca o trabalho quer o pão. Quem busca a justiça quer a paz!

Quem não trabalha não merece o que come. Quem não é justo não merece o que tem!

O trabalho nunca pode faltar. A justiça nunca pode falhar!

Quem não pode mais trabalhar deve receber. Quem é justo deve distribuir!

Quem trabalha bendiga a Deus. Quem é justo conte com Deus!

O trabalho não é um castigo, e a justiça não é impossível!

Quem trabalha mostra que ama. Quem ama mostra que é justo!

Trabalho é coisa do homem que pensa. Justiça é coisa que Deus não dispensa!

O trabalho sempre é necessário. A justiça sempre é indispensável!

Se falta o trabalho alguma coisa vai mal. Se falta a justiça nada irá bem!

O trabalho não mata ninguém. Sem justiça os homens se matam!

Trabalho sem justiça é pecado. Justiça sem amor é impossível!

O trabalho obriga a pensar. A justiça obriga a pagar!

Pagar ao trabalho apenas
o que se manda é apenas
metade da justiça!

Sem trabalho faltará o pão.
Sem justiça faltará a paz!

Sem justiça amaremos mais
o cão do que o irmão!

O progresso vem do
trabalho. A justiça vem do
amor!

Sem amor também pode
haver progresso. Sem justiça
também o progresso é um
mal!

Trabalha para que possas ser feliz. Sê justo para que possas dar felicidade!

Sem justiça o progresso aumenta a fome de ganhar e, ao mesmo tempo, deixa milhões morrendo de fome...

O amor dá valor ao trabalho, seja o que for. A justiça dá valor ao homem, seja quem for!

É preciso trabalhar com amor. É preciso amar para ser justo!

O Menor

Não é possível um mundo melhor, sem um amor maior ao Menor!

Pelo mínimo bem que fazemos ao Menor, Deus nos dá um bem maior!

Por incrível que pareça, dentro do coração pequenino de um Menor pode haver a maior tristeza do mundo!

Cristo tem o rosto de todos os irmãos do mundo, mas

o rosto que mais se parece com o Dele é o do Menor!

Não basta dar brinquedos ao Menor. É preciso brincar com ele!

É um crime deixar que os problemas do Menor se tornem maiores do que seu tamanho!

É bom saber que o Menor não se vinga. Ele apenas imita!...

Quem é pedra de escândalo para o Menor, não estranhe se ele, amanhã, começar a atirar pedras!...

O amor ao luxo é que faz comumente o Menor buscar seu pão no lixo!

Menor que não é amado acaba sendo um armado!

Um exército armado é menos perigoso que Menores não amados!

O Menor sem pão em casa, come o ódio das ruas!

Em que Deus vai crer o Menor, se só lhe fazem o pior?!

Quem não acolhe um Menor, sempre colhe um mal maior!

Quem machuca o botão, não
espere colher lindas rosas!...
Quem machuca o Menor, não
espere colher sorrisos!...

A morte

A vida é para todos o maior dom. Morrer bem é para todos a maior graça.

Para quem não tem fé, quem morreu, morreu. Para quem tem fé, quem morreu, começa a viver.

Morrer sem esperanças significa ter vivido em vão!

Que sentido tem levar rosas aos mortos, e negá-las aos vivos?!

Vai ao cemitério e depois pergunta a ti mesmo se vale a pena ser arrogante!

A morte não pergunta quem é quem, nem pergunta quanta é a falta de quem vai, nem quanta é a dor de quem fica.

Nem a morte acaba com o bem que fazemos!

A morte iguala a todos no pó, não no destino!

Muitos morrem mais com o temor de deixar o que têm do que com a esperança de receber um bem maior!

Ninguém escapa da morte,
mas ela não impede que
todos a evitem!

É melhor acertar a vida do
que tentar explicar a morte!

Viver mal é o modo mais
infeliz de brincar com a
morte!

Muitos pensam na morte
para que a sua não seja
eterna!

Nós e a vida

Se não tens nada a dizer, não dês nada a entender!

Há vezes em que a vontade é fraca, e há vezes em que a vontade é má!

Às vezes a vida nos pega. Às vezes nós a soltamos!

Até as crianças se divertem quando o cachorro que late é apenas um cachorrinho!

A verdade também tem a sua face, só que em muitos ela é escura!

Na terra, a gente vive. No céu, a gente não morre!

Se a autenticidade fosse o que bastasse, a virtude não seria nada.

Meia virtude é querer ser coerente sem amor!

Há modos justos de se falar contra as injustiças, e há modos injustos de se falar a favor da justiça.

Recusar também é um modo de trair, talvez o mais comum.

Lê a Palavra de Deus como se Ele quisesse falar só a ti!

Não importa que os caminhos de Deus sejam tortuosos. O que importa é que não andemos tortos!

Com Deus não se brinca, mas o pior é brincar de ser Deus!

Deus fez as coisas para nosso bem, e não para substituí-lo!

Já que os caminhos do céu são subidas tortuosas, sempre é preciso ajudar, e nunca empurrar!

Há misérias que são fruto de nossas fraquezas, e há misérias que são fruto de nossa ganância!

Algum mal é natural, mas os piores males vêm dos homens.

Todos optam pelo bem, mas na hora de fazê-lo é que tudo fica mal!

Se não te sentes disposto a pensar em coisas sublimes, pelo menos não penses em tolices!

O perigo de muitos reformadores está em seguir a própria cabeça e não as reformas que pregam!

Não podemos não errar tudo, mas podemos fazer tudo para não errar!

Quem cobiça tudo o que os olhos veem, não deixa lugar para Deus no coração.

Uma vela acesa não é a luz do sol, mas ela também ilumina!

O espelho deixa ver como estamos. Os olhos deixam ver o que somos.

Para que tua alma seja mais linda, depende de onde vem a luz que a ilumina!

Nós e o mundo

Graças a Deus, existe o mundo. Graças ao homem, Deus faz maravilhas.

Graças a Deus, existe a inteligência. Graças ao homem, Deus faz as descobertas.

Graças a Deus, existe a vontade. Graças ao homem, Deus faz o sucesso.

Graças a Deus, existe a verdade. Graças ao homem, Deus faz o pensamento.

Graças a Deus, existe
a sabedoria. Graças ao
homem, Deus faz a ciência.

Graças a Deus, existe o amor.
Graças ao homem, Deus faz
a felicidade.

Graças a Deus, existe a terra.
Graças ao homem, Deus faz
o alimento.

Graças a Deus, existe o sol.
Graças ao homem, Deus faz
as cores.

Graças a Deus, existe a
bondade. Graças ao homem,
Deus faz o que é bom.

Graças a Deus, existe a
inspiração. Graças ao
homem, Deus faz os versos.

Graças a Deus, existe
a harmonia. Graças ao
homem, Deus faz a canção.

Graças a Deus, existe o
espaço. Graças ao homem,
Deus faz os caminhos.

Graças a Deus, existe a vida.
Graças ao homem, Deus a
mantém!

Nós e os outros

O OUTRO não é simplesmente alguém que é diferente de nós, mas é, sobretudo, alguém que também é GENTE!

Quem vai à lua fica longe da terra. Quem vai aos OUTROS não fica longe de Deus!

Quem vai à lua pela técnica volta à terra como foi. Quem vai aos OUTROS pelo amor volta como Deus veio à terra.

Alguém disse: “Graças aos OUTROS pude fazer o bem. Graças a Deus não há bem que não me seja possível”!

O que importa é o bem que fazemos aos OUTROS, e não o mal que os outros dizem!

O egoísta também fala de amor, mas sem pensar nos OUTROS!

Há o amor que nos faz ver que todos somos iguais, e há o amor que nos faz ver quando os outros são melhores!

Quando nos decidimos a amar é que as dificuldades dos outros começarão a ser menos e menores!

O amor não nos obriga a negar a maldade dos OUTROS. Ele apenas quer que nunca sejamos maus.

Devemos crer que os OUTROS podem fazer melhor todo o bem que já fizemos!

Não podes absorver todos os sofrimentos dos OUTROS, mas podes evitar que sejam maiores!

Os outros não são só os amigos. São todos!

O amigo conhece os amigos pela voz. O amor conhece os OUTROS pela dor!

Se a uns podemos oferecer banquetes, a outros não podemos negar o pão!

Há o amor que nos faz ver quais são os outros, e há o amor que nos faz ver QUEM são os outros!

Até hoje muitos não entendem o que Cristo ensinou sobre os OUTROS!

Apesar de ver o bem que os outros fazem, muitas vezes julgamos pelo que ouvimos!

Uns matam para ter. Outros morrem por não ter!

Infelizmente, para muitos, os outros são só alguns!

Na parábola do Bom Samaritano, foi um outro, que não era judeu, que atendeu!...

Não ter paz pode significar não deixar os outros em paz!

Nossas limitações

É bom que o homem seja livre para ver quanto é limitado na escolha!

Por sermos limitados é que ninguém deve julgar-se indispensável!

O maior sofrimento dos justos é não poder fazer todo o bem que desejam!

Só Deus sabe quantos trabalham para nós, para termos apenas um dia de felicidade!

Sempre pode haver um defeito nas coisas mais perfeitas que o homem faz!

Sempre há um bem que o homem descobre, e sempre há um mal que o desafia!

O homem inventou as luzes, mas nenhuma é fecunda como a luz do sol!

Todos os caminhos levam a Deus, mas alguns são de difícil acesso!

As limitações existem para sermos humildes, e não acomodados!

Deus não irá pedir contas de nossas limitações, mas de nossos esforços.

A Deus não importa o que vais colher. Importa o que plantas!

Muitos que contaram com o dia de amanhã, ficaram sem ele!

É pouco provável que Deus faça milagres para suprir o bem que deixamos de fazer, podendo fazer!

Cristo disse: "Sem mim nada podeis". Esse nada é nada mesmo!

Tudo o que o homem pôde até hoje não significa nada diante de tudo o que ele ainda não pode!

Qual é a suficiência de quem nasce nu e deve voltar a ser pó?!

Qual é a suficiência de quem não pediu para nascer, e pede para não morrer?

Nem para o pão de cada dia o homem se basta para si mesmo!

Oração

A oração faz com que Deus nos escute, mas é a humildade que faz com que Ele nos atenda.

O cego pediu ao Senhor "que eu veja". Tu deves ver como ele pediu!

Quando rezas, antes de querer que Deus te escute, escuta o que Ele quer.

Dificilmente, Deus atende a oração de quem nunca pensa nos outros.

Quando podes, entra numa igreja para rezar. Pode acontecer que não precises mais de psiquiatras.

Quem não reza, arma-se. Quem reza, Deus o desarma.

Há pessoas que pedem sorrindo. Procura dar esse jeito a tua oração!

Duas coisas conseguirás pela oração: que Deus te atenda, e que entendas os outros.

Só estarás pronto para sair ao encontro de teus inimigos quando voltares da oração.

Quando tiveres de julgar, reza para não repetires o que fizeram com Cristo.

Quando rezas, Deus te escuta. Quando não rezas, escutas o mundo.

É preciso rezar, sobretudo, antes de tomar qualquer grande decisão.

Quem não reza, se sobe na vida, não sabe como descer para ajudar.

Reza mal quem acha que Deus deve fazer tudo o que pede.

Quando vier a tristeza, antes de cobrir teu rosto com as mãos para chorar, abre teu coração para pedir e confiar!

Quem não encontra tempo para a oração, de qualquer forma viverá correndo para matar o tempo!

Há no Evangelho diversos tipos de oração. Se quiseres, inventa um tipo que te agrade. O importante é que rezes!

Podes falar com Deus em qualquer lugar, mas há lugares em que Ele não te escuta!

A técnica tem dado passos tão apressados que o homem não tem tido tempo de parar para refletir!

Na maioria dos casos o dinheiro é a precisão do pobre, e a oração é a precisão do rico.

Há pessoas que quando rezam pedem tudo, menos aquilo que Deus tem para lhes dar.

Quem reza só para pedir, acaba perdendo tempo e paciência!

A oração é o melhor remédio para tirar a malícia dos olhos e a maldade do coração!

A outra vida

Tanto vale essa vida, que Deus pôs tudo à disposição do homem. Tanto vale a outra vida, que o próprio Deus se pôs à disposição do homem!

“**E**u estava com fome e me destes de comer, com sede e me destes de beber, nu e me vestistes, preso e me visitastes, ao relento e me abrigastes...” São com essas palavras que o Justo Juiz introduzirá os bons no gozo da outra vida!

A outra vida começa com o amor aos outros nesta vida!

Muitos querem todo o bem da outra vida, mas sem fazer nada para merecê-lo.

Esta vida é dom de Deus que nos tirou do nada. A outra vida é Deus em tudo o que fazemos pelos outros.

Muitos negam o inferno pensando que podem ganhar o céu de graça.

Certamente, não há nenhum Santo que tenha entrado no céu sem ter feito o bem aos outros!

O céu é o lugar onde ninguém está por acaso!

Esta vida é participação de tudo o que Deus fez. A outra vida é participação de todo o amor que Deus é.

Antes que o tempo fosse já existia a vida que virá!

A vida eterna é conhecer o Pai, diz Cristo. É difícil haver uma família onde os irmãos que conhecem o Pai não se conheçam!...

A Palavra de Deus

A palavra dos homens, às vezes, é um caminho do bem. A Palavra de Deus sempre é a certeza do bem!

Deus pode falar aos homens de qualquer jeito, mas não é de qualquer jeito que devemos ouvir o que Ele diz!

Deus deu aos homens o dom da palavra para se entenderem e não para se confundirem!

Muitos homens falam sem pensar. Bendito é todo aquele que pensa no que Deus falou!

Quando os demais falam, nem sempre devemos acreditar. Quando Deus fala, nunca podemos duvidar.

É um bem que Deus tenha falado aos homens pelos profetas. Nenhum profeta falou tão bem como Cristo!

Nenhum soberbo entende nenhuma palavra que Deus falou!

Não há nada que a Palavra de Deus não possa construir!

Crer firmemente na Palavra de Deus significa fazer todo o bem que Deus quer que se faça!

Deus falou, e tudo se fez. Se não for para construir, não vale a pena falar!

Ninguém constrói a paz, se antes de construir, não ouve o que Deus falou!

Todos podem ouvir o que Deus falou, mas só o entende quem ama!

Foi Cristo que disse: "Quem ouvir minha palavra, viverá eternamente".

A Palavra de Deus é uma semente. Só quem crê, produzirá frutos!

Lê a Palavra de Deus como se Ele quisesse falar só a ti!

Paz

Não há paz onde Deus não faz falta.

Não há paz sem amor, e todo amor deve querer a paz.

Só Deus é que pode dar a paz num instante.

Não é ter tudo que dá a paz, mas não ter nada a compromete!

Oferecer a paz com as mãos significa socorrer com urgência.

A paz dos homens significa amar-se. A paz de Deus significa amar.

A paz tem maiores ou menores proporções. Ela é toda quando Deus é tudo.

Ao mesmo tempo que tiras a paz dos outros, deixas de tê-la.

Acredito mais em quem reza pela paz do que na paz de quem não reza.

Prefiro a paz que sofre a ter alegrias sem paz.

Um olhar que vale a paz deve ser como o olhar de Cristo para Pedro.

Há a paz de quem está bem.
Há a paz de quem faz o bem.
Há a paz de quem ama.

Falar de paz não seja uma moda, mas seja o melhor modo de se falar de Deus.

Foge do perigo de perderes a paz. Apressa-te na necessidade de levá-la.

Vê o exemplo de Maria: a humildade mais profunda é que dá a paz mais intensa.

Qualquer violência contra o homem é violência contra a paz.

Busca a paz com a sofreguidão da criança que busca o seio da mãe!

Uma das melhores coisas de Deus, que podes oferecer, é a paz.

Onde te receberem, anuncia a paz. De onde partires, deixa a paz!

A paz não quer mãos armadas, e, sobretudo, não quer espíritos desalmados.

Gosto da paz, sobretudo, quando sei que posso tê-la toda para mim sem empobrecer ninguém.

É verdade que um lugar cheio de paz não é como a paz do coração.

Quanto à paz, faze o que podes. Quanto ao que podes, busca a paz.

A paz pode ser toda de todos, contanto que todos não queiram ter tudo.

A paz, além de ser um bem imenso, é um bem inestimável.

Não ter paz pode significar também não deixar os outros em paz.

A paz também fala, principalmente quando o silêncio é um pecado.

Se queres aumentar a tua paz, sê bom. Se não a queres tirar, sê justo.

O esforço pela paz deve ter a duração da vida!

Com a paz começa o céu. Sem ela só há inferno.

Com a paz suportarás tudo. Sem ela a vida te esmagará.

Um copo d'água que dás já é um começo da paz!

A paz que vem pela força tem o nome de humilhação!

Com a paz, o bem que se faz volta a quem o fez como bênção de Deus!

Deves entender que "fazer a paz" não é a mesma coisa que "fazer as pazes".

A paz que vem pela força nunca vem para ficar em paz!

Se houver alguém que não amas, a tua paz não é perfeita!

Não é ter tudo que dá a paz. É contentar-se com o que basta!

Os homens gastam muito em guerras porque não sabem ainda quanto vale a paz!

Mesmo que tenhas todas as razões e mesmo que todas elas sejam as melhores, deves ceder por amor à paz. Pelo menos, às vezes!

Toda a paz, às vezes, vem de uns momentos de paz!

É certo, de que a paz não é obra de um só, como também é certo, de que um único raio de luz não basta para iluminar o mundo!

Pobreza e riqueza

Não é um mal que os pobres pensem em riquezas, mas sempre é um mal quando os ricos não pensam nos pobres!

Há muitos ricos que desprezam o pobre porque desprezam a Deus, e, há muitos pobres que desprezam a Deus porque não ficam ricos!

O rico, quando dá, ajuda o pobre. O pobre, quando dá, ensina o rico!

Não é a pobreza que necessariamente faz o pobre entrar no céu, como também não é a riqueza que necessariamente não deixa o rico entrar!

A maior diferença que há entre muitos ricos e pobres é esta: os pobres, em geral, dão do pouco que têm, e os ricos, em geral, acham que é muito o pouco que dão!

Há ricos que não querem descer, e há pobres que não querem subir!

O pão mata a fome do pobre. A injustiça mata o pobre, de fome!

Somar a pobreza e a riqueza só dá certo quando todos aprendem a dividir!

Os ricos bons sabem descer. Os pobres bons aprendem a subir!

Tanto o rico como o pobre são iguais aos olhos de Deus. Nós, os homens, é que fazemos as diferenças!

Há ricos que vivem no luxo, e há pobres que se dão ao luxo de viver como ricos!

A riqueza, quando é luxo, é um perigo. A pobreza, quando é miséria, é uma ameaça.

Em geral é assim: muitos pobres apenas querem ter, e muitos ricos apenas querem multiplicar!

Sinceridade

Muitos acham que para ser sinceros podem dizer a verdade do modo que não devem.

Calar-se, às vezes, não é falta de sinceridade. É falta de oportunidade.

Muitas vezes, a verdade agressiva não é sinceridade, é brutalidade.

Às vezes o que se diz é verdade, mas a intenção do coração não é sinceridade.

Sempre é melhor a dor que vem da sinceridade do que a vaidade que vem da bajulação!

Cristo foi sincero quando falou à Samaritana dos erros de sua vida, mas a bondade com que lhe falou, salvou-a.

A sinceridade dos amigos não pode consistir em dizer que os nossos erros não são erros.

Em muitos a sinceridade está nas palavras para ferir, e nunca no coração para amar.

Confia mais na sinceridade de quem te diz o que tem

contra do que nas palavras de quem só te bajula.

Vejam o caso de Judas, que, com um sinal de sinceridade — o beijo — cometeu a maior vileza — a traição.

Não há sinceridade no inimigo que exagera os defeitos que temos, nem no amigo que exalta qualquer boa qualidade que não temos.

Há modos de sinceridade que podem levar às maiores amizades, e que podem acabar com as melhores.

Quando uma amizade se desfaz, das duas uma: não havia sinceridade de propósitos, ou só havia propósitos de interesses.

A sinceridade não dá a ninguém o direito de ser inoportuno.

Alguns são sinceros só para dizer, e nunca para ouvir!

Ser sincero só em horas convencionais é mediocridade!

Ninguém deve ser sincero para dizer simplesmente o que quer!

Devemos dizer “SIM, SIM” ou “NÃO, NÃO”, mas com os bons modos do coração!

Aquele que ouve a verdade mesmo com temor, é mais sincero do que aquele que a diz sem amor!

Não é sincero quem dá só a si mesmo a liberdade de falar do mal que fez ou do bem que deixou de fazer!

Paulo foi sincero apesar do mal que fez, perseguindo. Por isso acertou tudo depois, seguindo...

Sofrimento

Crê que o sofrimento é uma bênção, como é uma bênção o trigo que é moído para se fazer o pão!

Crê que o sofrimento não é um castigo, como não são castigos os espinhos que estão na rosa!

As hóstias são feitas de trigo, mas é preciso moer o grão!...

É nas estradas de pó que ficam os sinais de teus passos, e não no asfalto!

Em geral mal somamos as alegrias e sempre multiplicamos as tristezas!

O peso de nossas cruzes aumenta na proporção de nossas reclamações!

O céu não muda de nome só porque há noites sem estrelas!...

As lágrimas mais sentidas não vêm do que nos falta. Em geral, vêm de quem nos falha!

Sem espinhos, a rosa também é bela, mas não é como Deus a fez!

Os maiores sofrimentos são aqueles pelos quais ninguém espera.

Não podes absorver todos os sofrimentos dos outros, mas podes diminuí-los ou não os aumentar!

Ficar triste não é um mal. Estar sempre triste é que é sintomático.

A tristeza que sempre é um mal é aquela que nos leva a pensar só no mal.

Suporta que façam de tua vida o que alguém de mau

gosto faz da rosa: apanha só para lhe arrancar as pétalas!

Se encaras a vida com medo do amanhã, pode acontecer de não notares os encantos que a vida hoje te dá!

Sê como a vela que ilumina enquanto derrama lágrimas!...

Às vezes, não sabemos o que mais pode agradar ao Senhor: se imolar-nos ou deixar que nos imolem!

Senhor, que minhas lágrimas sejam também um modo de dizer que te amo!

Não é preciso cantar quando sofres. Mas deixa que os outros cantem!

Às vezes, o sofrimento vem do fato de que a verdade dói!

Para todos, Deus tem medida certa para o sofrimento. Para todos, Deus quer que as alegrias sejam as maiores!

Quando o amor é pouco, qualquer dor é grande demais!

Guarda este pensamento: o que deve permanecer é a

obra de Deus, e nada do que és, nem mesmo o teu nome!

Quem é que pode amar sem aceitar a dor, e quem é que aceita a dor sem querer amar?

Deus não fez rosas sem espinhos para que ninguém possa falar de amor sem renúncias!

Quando amas, ofereces rosas. Se crês que Deus te ama, aceitas os espinhos!

O sofrimento não nos impede de amar, e o amor não nos dispensa de sofrer!

Senhor, quando sofrias na cruz, pensavas em meus pecados. Eu, quando sofro, tenho o consolo de pensar em teu amor!

Quando te falarem em Calvário, não penses tanto na dor, mas no amor!

Deus pode querer dos que o amam as renúncias que muitos lhe negam!

Amar como Cristo amou! Só assim é que se pode ver quanto é fecundo o sofrimento!

Dizes que tua cruz é tão pesada como a de Cristo. Resta saber se teu amor é como o Dele!

Se Deus te pede um sacrifício, é sinal de que Ele não te encontrou vazio!

Índice

Este livro foi composto com as famílias tipográficas Bookmania e Alfa Slab One e impresso em papel Book Ivory 58g pela **Gráfica Santuário.**